FIRST THOUSAND WORDS

IN SPANISH

With Internet-linked pronunciation guide

Heather Amery

Illustrated by Stephen Cartwright

Edited by Nicole Irving
and designed by Andy Griffin

Spanish language consultant: Esther Lecumberri

About Usborne Quicklinks

To access the Usborne Quicklinks Web site for this book, go to
www.usborne-quicklinks.com
and enter the keywords "1000 spanish". There you can:

● listen to the first thousand words in Spanish, read by a native Spanish speaker

● print out some Spanish picture puzzles for free

● find links to other useful Web sites about Spain and the Spanish language

Listening to the words

To hear the words in this book, you will need your Web browser
(e.g. Internet Explorer or Netscape Navigator) and a programme that lets you play sound
(such as RealPlayer® or Windows® Media Player). These programmes are free and, if you
don't already have one of them, you can download them from Usborne Quicklinks.
Your computer also needs a sound card but most
computers already have one of these.

Note for parents and guardians

Please ensure that your children read and follow the Internet safety
guidelines displayed on the Usborne Quicklinks Web site.

The links in Usborne Quicklinks are regularly reviewed and updated.
However, the content of a Web site may change at any time and Usborne Publishing
is not responsible for the content on any Web site other than its own. We recommend
that children are supervised while on the Internet, that they do not use
Internet Chat Rooms, and that you use Internet filtering software to block
unsuitable material. For more information, see the **Net Help**
area on the Usborne Quicklinks Web site.

On every double page with pictures,
there is a little yellow duck to look for.
Can you find it?

About this book

This is a great book for anyone starting to learn Spanish. You'll find it easy to learn new words by looking at the small, labelled pictures. Then you can practise the words by talking about the large central pictures. This book also has its own Usborne Quicklinks Web site where you can listen to all the Spanish words, print out Spanish picture puzzles, and follow links to some other fun and useful Web sites.

Masculine and feminine words

When you look at Spanish words for things such as "table" or "man", you will see that they have **el** or **la** in front of them. This is because all Spanish words for things and people are either masculine or feminine. **El** is the word for "the" in front of a masculine word and **la** is "the" in front of a feminine word. In front of the words that are plural (more than one, such as "tables" or "men"), the Spanish word for "the" is **los** for masculine words, and **las** for feminine words.

All the labels in this book show words for things with **el**, **la**, **los** or **las**. Always learn them with this little word.

Looking at Spanish words

In Spanish, the letters "a", "e", "i", "o" or "u" are sometimes written with a stress mark, a sign that goes above them. This sign changes the way you say the word. Spanish also has an extra letter, which is an "n" with a sign like a squiggle over the top. This **ñ** is said "nyuh" (like the "nio" in "onion").

Saying Spanish words

The best way to learn how to say Spanish words is to listen to a Spanish speaker and repeat what you hear. You can listen to all the words in this book on the Usborne Quicklinks Web site. For more information on how to do this, see the page on the left. At the back of this book, there is also a word list with an easy pronunciation guide for each Spanish word.

A computer is not essential

If you don't have access to the Internet, don't worry. This book is a complete and excellent Spanish word book on its own.

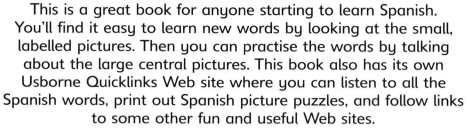
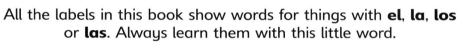

La casa

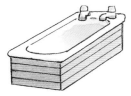
la bañera

el jabón

el grifo

el papel higiénico

el cepillo de dientes

el agua

la taza del váter

la esponja

el lavabo

la ducha

la toalla

la cama

El cuarto de baño

El cuarto de estar

la pasta de dientes

la radio

el cojín

el disco compacto

la moqueta

el sofá

la silla

el edredón

el peine

la sábana

la alfombra

el armario

El dormitorio

El vestíbulo

la almohada

la cómoda

el espejo

el cepillo

la lámpara

los posters

el colgador
de ropa

el teléfono

el radiador

el vídeo

el periódico

la mesa

las cartas

las escaleras

5

La cocina

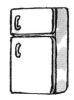
el frigorífico

los vasos

el reloj

el taburete

las cucharillas

el interruptor

el detergente

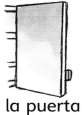
la llave

la puerta

el aspirador

las cacerolas

los tenedores

el delantal

la tabla de planchar

la basura

6

el calentador del agua

los cuchillos

la fregona

el trapo del polvo

los azulejos

la escoba

la lavadora

el recogedor

el cajón

los platillos

la sartén

la cocina

las cucharas de palo

los platos

la plancha

el armario

el trapo de cocina

las tazas

las cerillas

el cepillo

las escudillas

El jardín

la carretilla

la colmena

el caracol

los ladrillos

la paloma

la pala

la mariquita

el cubo
de basura

las semillas

el cobertizo

la regadera

el gusano

las flores

el irrigador

la azada

la avispa

8

la abeja

la paleta

el hueso

el seto

la horca

el cortacésped

el camino

las hojas

el árbol

el humo

la oruga

el rastrillo

el nido

los palos

la hierba

el cochecito de niño

la escalera

la hoguera

la manguera

el invernadero

9

El taller

el torno de banco

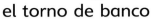
el papel de lija

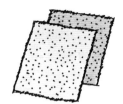
el taladro

la escalera

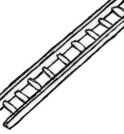
la sierra

el serrín

el calendario

los tornillos

la caja de herramientas

el destornillador

el tablón

las virutas

las navaja

10

las tachuelas

la araña

los tornillos a tuerca

las tuercas

la telaraña

el barril

la mosca

el hacha

el metro

el martillo

la lima

el bote de pintura

la madera

los clavos

la mesa de trabajo

los tarros

el cepillo de carpintero

11

La calle

la tienda

el agujero

el café

la ambulancia

la acera

la antena de televisión

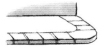
la chimenea

el tejado

la escavadora

el hotel

el autobús

el hombre

el coche de policía

las tuberías

la taladradora

el colegio

el patio

12

el taxi

el paso de peatones

la fábrica

el camión

el semáforo

el cine

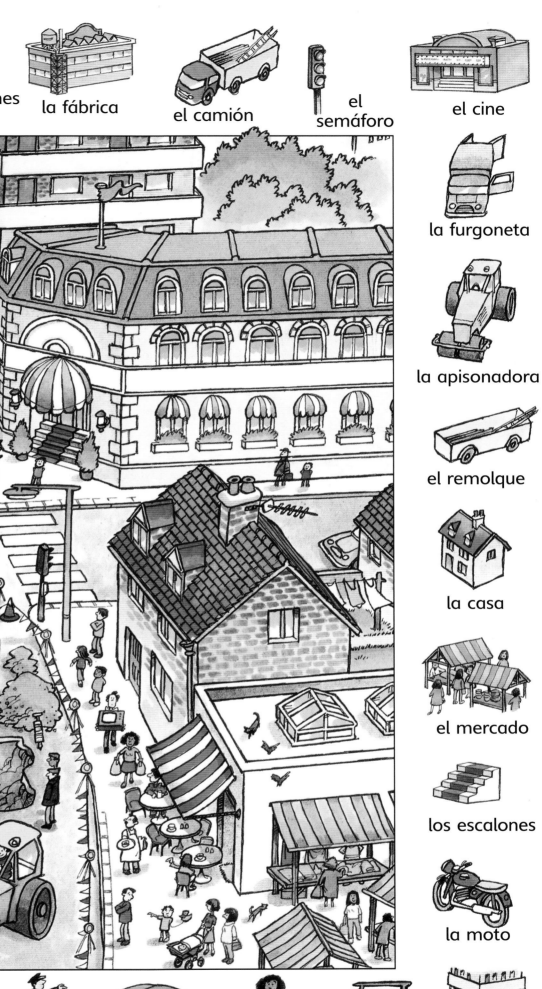

la furgoneta

la apisonadora

el remolque

la casa

el mercado

los escalones

la moto

la bicicleta

el coche de bomberos

el policía

el coche

la mujer

la farola

los pisos

La juguetería

el tren

los dados

la flauta

el robot

los tambores

el collar

la cámara de fotos

las cuentas

las muñecas

la guitarra

el anillo

la casa de muñecas

el silbato

los cubos

el castillo

el submarino

la trompeta

las flechas

la armónica

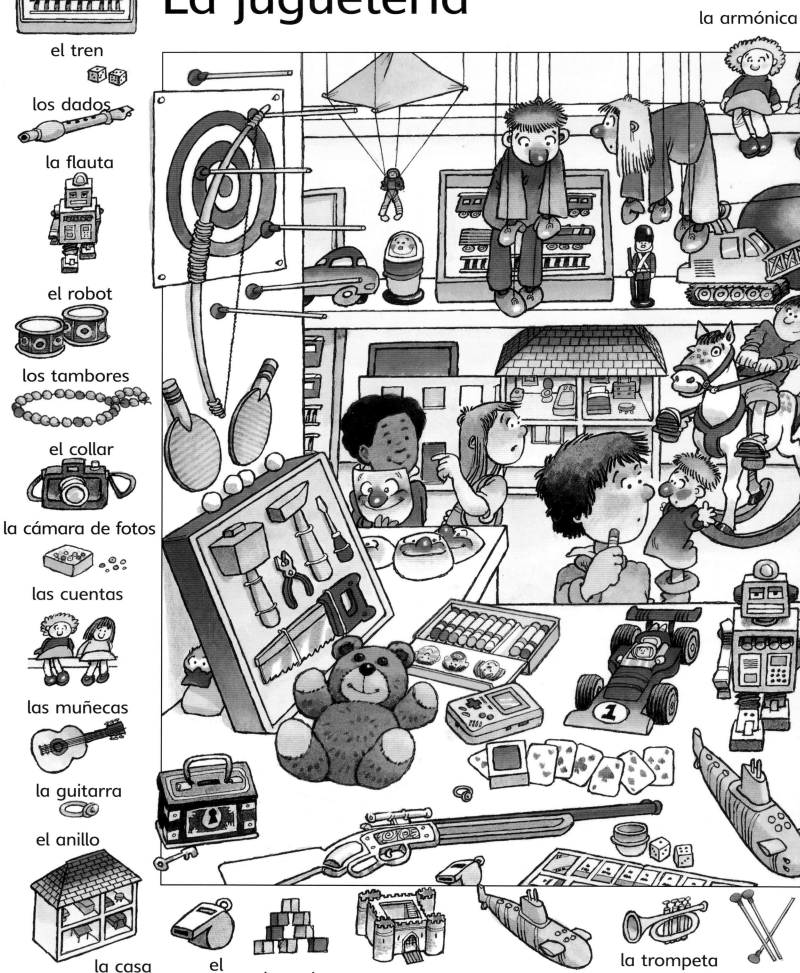

14

el arco

el paracaídas

el barco

las pinturas para la cara

la apisonadora

las máscaras

el coche de carreras

el caballo de balancín

la hucha

las canicas

los títeres

el piano

los astronautas

el cohete

la grúa

la plastilina

la escopeta

los soldaditos de plomo

las pinturas

El parque

los columpios

el hoyo de arena

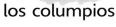
el picnic

la cometa

el helado

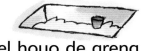
el perro

la puerta
de la verja

el sendero

la rana

el tobogán

el banco

los renacuajos

el lago

los patines

el arbusto

16

 el bebé

el monopatín

la tierra

la silleta

el subibaja

 los niños

 el triciclo

 los pájaros

 la verja

 el balón

 el velero

 la cuerda

 el charco

 los patitos

 la cuerda de saltar

 los árboles

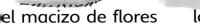 el macizo de flores   los cisnes   la correa de perro    los patos

El zoo

el ala

el águila

el hipopótamo

el panda

las patas

el canguro

el murciélago

el gorila

el mono

el rabo

el lobo

el pingüino

las plumas

el cocodrilo

el oso

el pelícano

el delfín

el avestruz

el león

los cachorros de león

la jirafa

los cuernos

el ciervo

el camello

la foca

el oso polar

la tortuga

la trompa

el elefante

el rinoceronte

el bisonte

el castor

la cabra

la cebra

la serpiente

el tiburón

la ballena

el tigre

el leopardo

19

los raíles

la máquina

los topes

los vagones

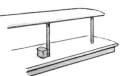

el maquinista

el tren de
mercancías

el andén

la revisora

la maleta

la máquina
de billetes

20

El viaje

el helicóptero

La estación de ferrocarril

El garaje

las señales

la mochila

las luces
delanteras

el motor

la rueda

la batería

el avión

la azafata

la pista de aterrizaje

la torre de control

El aeropuerto

el sobrecargo

el piloto

el lavado de coches

lavado de coches

el portaequipajes

la gasolina

el camión de las averías

el surtidor de gasolina

camión de gasolina

la llave inglesa

el neumático

el capó

el aceite

21

El campo

el molino
de viento

el globo

la mariposa

la lagartija

las piedras

el zorro

el arroyo

el poste
indicador

el erizo

la compuerta

la montaña

la ardilla

el bosque

el tejón

el río

la carretera

22

las tiendas de campaña

el canal

los troncos

el pueblo

la mariposa nocturna

el puente

la barcaza

la cascada

el búho

el túnel

los zorritos

el topo

el pescador

las rocas

el sapo

el tren

la caravana

la colina

23

el almiar

el perro pastor

los patos

los corderos

el estanque

los pollitos

el pajar

la pocilga

el toro

los patitos

el gallinero

La granja

el gallo

el tractor

24

las ocas

el camión

el granero

el lodo

la carretilla

el granjero

el campo

las gallinas

el ternero

la valla

la silla de montar

el establo

la vaca

el arado

el huerto

el cuadra

los cerditos

la pastora

los pavos

el espantapájaros

la granja

el heno

las ovejas

las balas de paja

el caballo

los cerdos

25

La playa

el barco de vela

el mar

el remo

el faro

la pala

el cubo

la estrella
de mar

el castillo
de arena

la sombrilla

la bandera

el marinero

el cangrejo

la gaviota

la isla

la lancha motora

el esquí acuático

la concha de mar

las olas

el sombrero
de paja

el acantilado

el barco

la canoa

la cuerda

las piedrecitas

las algas

la red

el remo

el barco de pesca

las aletas

el burro

el pez

el traje
de baño

el petrolero

la playa

el bote de remos

la tumbona

27

las tijeras

las cuentas

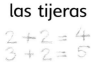

la goma

la regla

las fotos

los rotuladores

las chinchetas

las pinturas

el chico

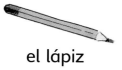

el lápiz

La escuela

la pizarra

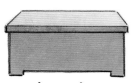

el pupitre

los libros

el bolígrafo

el pegamento

la tiza

el dibujo

la papelera

la profesora

la caja

el mapa

el pincel

el techo

la pared

el suelo

el cuaderno

**a b c ch d e f
g h i j k l ll m
n ñ o p qu r s
t u v w x y z**

el abecedario

la chapa

la pecera

el papel

la persiana

el pomo
de la puerta

la planta

el globo terráqueo

la chica

los lápices
de colores

la lámpara

el caballete

29

El hospital

el enfermero

el algodón

la medicina

el ascensor

la bata

las muletas

las píldoras

la bandeja

el reloj

el termómetro

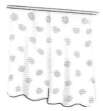

la cortina

el osito de trapo

la manzana

el yeso

la venda

la silla
de ruedas

el rompecabezas

la médica

la
jeringuilla

El médico

las zapatillas

el ordenador

el esparadrapo

el plátano

las uvas

la cesta

los juguetes

la pera

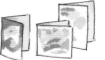
las tarjetas

el pañal

el bastón

la televisión

el camisón

el pijama

la naranja

los pañuelos de papel

el tebeo

la sala de espera

La fiesta

el globo

el chocolate

el caramelo

la ventana

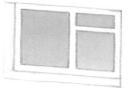

los fuegos artificiales

la cinta

la tarta

los regalos

la paja

la vela

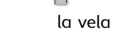

la guirnalda de papel

los juguetes

32

la mandarina

el chorizo

la cinta

la salchicha

las patatas fritas

el disfraz

la cereza

el zumo

la frambuesa

la fresa

la bombilla

el bocadillo

la mantequilla

la galleta

el queso

el pan

el mantel

La tienda

el pomelo

la zanahoria

la coliflor

el puerro

el champiñon

el pepino

el limón

el apio

el albaricoque

el melón

la bolsa

QUESO

FRUTAS Y VERDURAS

la cebolla

la col

el melocotón

la lechuga

los guisantes

el tomate

los huevos

 la ciruela

 la harina

 el peso

 los tarros

 la carne

 la piña

 el yogur

 la cesta

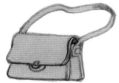 las botellas

 el bolso

 el monedero

el dinero

 las latas

 las patatas

 las espinacas   las alubias

 la caja

 la calabaza

 el carro

Los alimentos

la comida

el desayuno

el café

el huevo
pasado
por agua

el huevo frito

las tostadas

la mermelada

la nata

la leche

los cereales

el chocolate
caliente

el azúcar

la miel

la sal

la pimienta

el té

los crêpes

los panecillos

la cena

el jamón

la sopa

la tortilla

los palillos

la ensalada

la hamburguesa

el pollo

el arroz

la salsa

los espaguetis

el puré de patatas

la pizza

las patatas fritas

los postres

Yo

la cabeza — el pelo

la cara

el brazo

el codo

el estómago

los dedos del pie

el pie

la pierna

la rodilla

la ceja

el ojo

la nariz

la mejilla

la boca

los labios

los dientes

la lengua

la barbilla

las orejas

el cuello

los hombros

el pecho

la espalda

el trasero

la mano

el pulgar

los dedos

La ropa

 los calcetines

 los calzoncillos

 la camiseta

 los pantalones

 los vaqueros

 la camiseta

 la falda

 la camisa

 la corbata

 los pantalones cortos

 las medias

 el vestido

 el jersey

 el suéter

 la chaqueta

 la bufanda

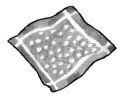 el pañuelo

 las zapatillas de deporte

 los zapatos

 las sandalias

 las botas

 los guantes

 los bolsillos

 el cinturón

 la hebilla

 la cremallera

 el cordón del zapato

 los botones

 los ojales

 el abrigo

 el plumífero

 la gorra

 el sombrero

La gente

el cocinero

el bailarín   la bailarina

el actor   la actriz

el cantante

la cantante

el astronauta

el policía

la mujer policía

el carnicero

el carpintero

el bombero

la artista

el juez

el mecánico

la mecánica

40

la conductora
de camión

el conductor
de autobús

el peluquero

la dentista

el submarinista

el camarero   la camarera

el cartero

el pintor

la
panadera

La familia

la tía   el tío

el abuelo

el hijo
el hermano
la hija
la hermana
la madre
la esposa
el padre
el esposo

el primo   la abuela

41

Haciendo cosas

reírse

sonreír

llorar

pensar

escuchar

coger

lanzar

romper

pintar

escribir

partir

cortar

comer

hablar

cavar

llevar

beber

hacer

saltar

bailar

lavarse

hacer punto

andar a gatas

jugar

mirar

trepar

pelear

dormir

tomar

coser

saltar

esperar

cocinar

esconderse

leer

comprar

empujar

cantar

soplar

tirar

barrer

coger

caerse

andar

correr

estar sentados

43

Palabras opuestas

bueno

malo

arriba

abajo

lejos

cerca

frío

caliente

mojado

seco

sucio

limpio

encima

debajo

gordo

delgado

abierto

cerrado

pequeño

grande

pocos

muchos

primero

último

a la izquierda

44

fuera

dentro

fácil

difícil

vacío

lleno

blando

duro

la parte delantera

alto

lento

rápido

la parte trasera

bajo

largo

corto

muerto

vivo

oscuro

claro

arriba

viejo

a la derecha

nuevo

abajo

45

Los días

lunes
martes
miércoles
jueves
viernes
sábado
domingo

el calendario

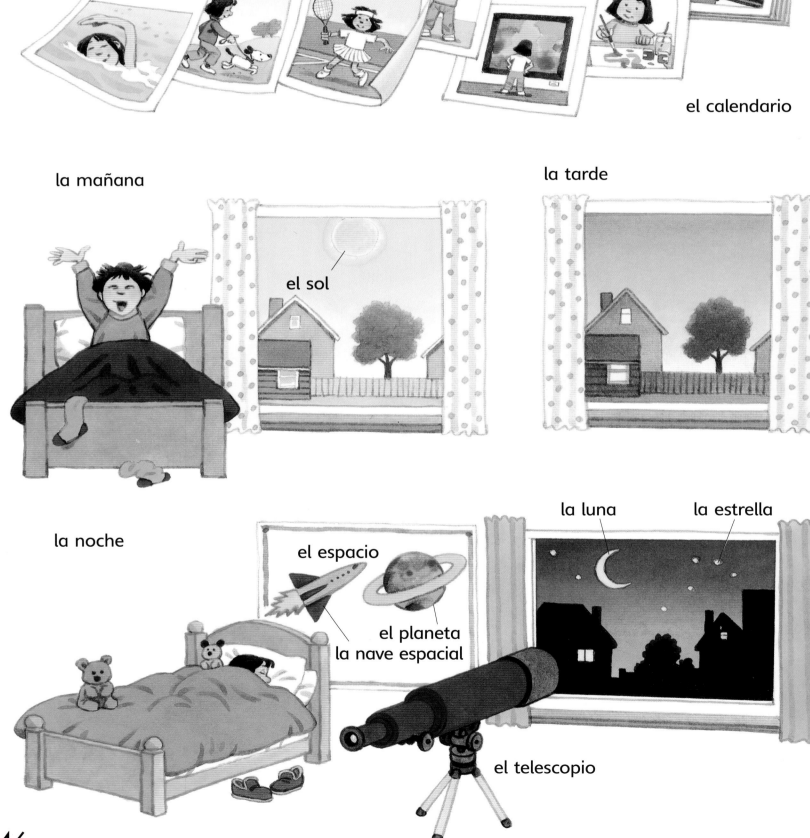

la mañana

el sol

la tarde

la noche

el espacio

el planeta
la nave espacial

la luna

la estrella

el telescopio

46

Días especiales

el cumpleaños

el regalo

la vela

la tarjeta
de cumpleaños

la tarta de cumpleaños

las vacaciones

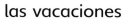

el día de la boda

la dama de honor

la novia   el novio

la cámara
de fotos

el fotógrafo

el día de Navidad

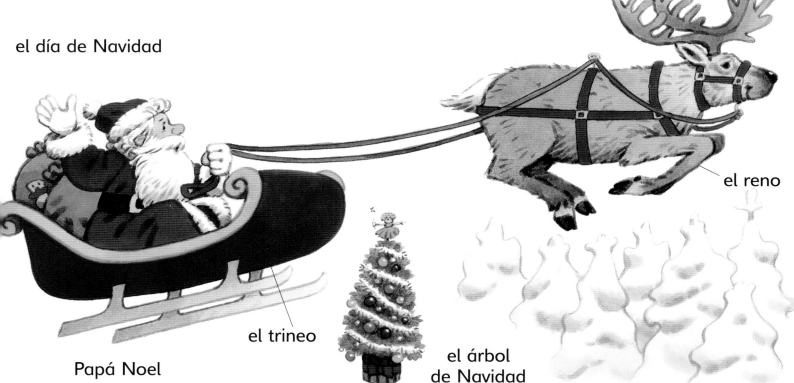

el reno

el trineo

Papá Noel

el árbol
de Navidad

El tiempo

el paraguas

la lluvia

el relámpago

la niebla

el sol

las nubes

el cielo

la nieve

el rocío

el viento

la neblina

la helada

el arco iris

Las estaciones

la primavera

el verano

el otoño

el invierno

Animales favoritos

el hámster

la veterinaria

la casa del perro

el conejillo de Indias

el cachorro

el perro

el periquito

la comida

el loro

el pico

el conejo

el canario

la jaula

el gato

la cesta

el gatito

el ratón

la leche

los peces de colores

49

Los deportes

el baloncesto

el piragüismo

el snowboarding

la vela

el windsurfing

la raqueta

el tenis

el fútbol americano

la gimnasia

el cricket

el kárate

el bate

la pelota

el baile

el béisbol

la caña de pescar

la pesca

el anzuelo

el rugby

el salto de trampolín

la piscina

la carrera

la natación

el tiro con arco

la diana

el ala delta

el judo

correr

el ciclismo

el casco

la escalada

la taquilla

el caballo

el poney

el vestuario

el fútbol

la equitación

el bádminton

el ping-pong

los patines
de hielo

el patinaje sobre hielo

el palo
de esquí

la telesilla

el esquí

el esquí

la lucha libre

51

Los colores

anaranjado

verde

negro

gris

marrón

color rosa

rojo

blanco

azul

violeta

amarillo

Las formas

el rectángulo

el círculo

el rombo

el cono

la estrella

el cubo

el óvalo

el triángulo

el cuadrado

la media luna

Los números

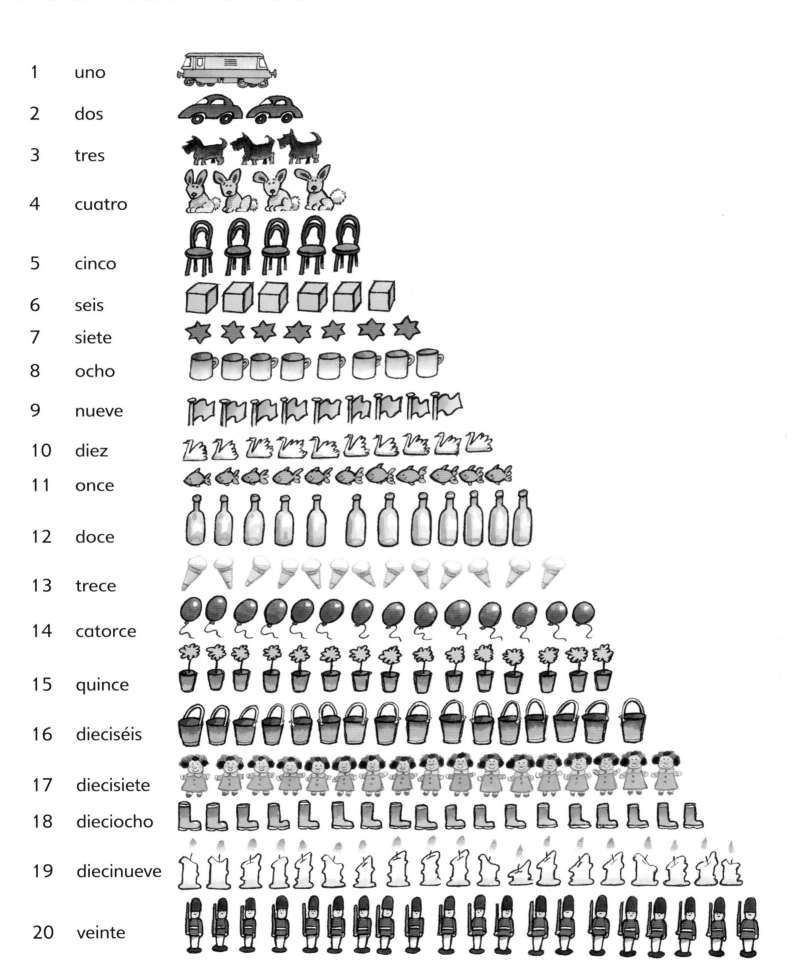

1	uno
2	dos
3	tres
4	cuatro
5	cinco
6	seis
7	siete
8	ocho
9	nueve
10	diez
11	once
12	doce
13	trece
14	catorce
15	quince
16	dieciséis
17	diecisiete
18	dieciocho
19	diecinueve
20	veinte

La feria

la noria

el tiovivo

la colchoneta

el tobogán

los aros

el tren fantasma

las palomitas de maíz

la montaña rusa

la barraca de tiro al blanco

los autos de choque

el algodón de azúcar

El circo

el volatinero

la vara

el trapecio

el equilibrista

la escalera
de cuerda

la cuerda de
volatinero

la red de
seguridad

el conejo

los acróbatas

el director
de circo

el perro

el aro

el malabarista

el sombrero
de copa

la pajarita

la banda

la caballista

el payaso

55

Word list

In this list, you can find all the Spanish words in this book. They are in alphabetical order. Next to each one, you can see its pronunciation (how to say it) in letters *like this*, and then its English translation.

Remember that Spanish nouns (words for things) are either masculine or feminine (see page 3). In the list, each one has **el**, **la**, **los** or **las** in front of it. These all mean "the". **El** and **los** are used in front of masculine nouns and **la** and **las** are used in front of feminine ones. **Los** and **las** are used in front of a plural noun (a noun is plural if you are talking about more than one, for example "cats").

About Spanish pronunciation
Read the pronunciation as if it were an English word, but try to remember the following rules about how Spanish words are said:

- most Spanish words have a part that you stress, or say louder (like the "day" part of the English word "today"). So you know which part of each word you should stress, it is shown in capital letters

- the Spanish **r** is made by a flap of the tip of your tongue on the top of your mouth; at the beginning of the word, it is rolled like **rr** (see below)

- the Spanish **rr** is a rolled "rrrrr" sound; it is shown as "*rr*" in the pronunciations

- a few Spanish letters are said differently depending on what part of the world you are in. When you see "*th*" in the pronunciations, it is said like "th" in "thin" in most of Spain, but in southern Spain and in South America, it is said like the "s" is "say"

when you see "*g*" in a pronunciation, say it like the "g" in "garden"

A

abajo	*aBAho*	bottom (not top)
el abecedario	*el abetheDARee-o*	alphabet
la abeja	*la aBEha*	bee
abierto	*abee-AIRto*	open
el abrigo	*el aBREEgo*	coat
la abuela	*la aBWEla*	grandmother
el abuelo	*el aBWElo*	grandfather
el acantilado	*el akanteeLAdo*	cliff
el aceite	*el aTHAYtay*	oil
la acera	*la aTHAIRa*	pavement
el actor	*el akTOR*	actor
la actriz	*la akTREETH*	actress
el aeropuerto	*el a-airoPWAIRto*	airport
el agua	*el Agwa*	water
el águila	*el Ageela*	eagle
el agujero	*el agooHAIRo*	hole
el ala	*el Ala*	wing
el ala delta	*el Ala DELta*	hang-gliding
el albaricoque	*el albareeKOKay*	apricot
las aletas	*lass aLETass*	flippers
la alfombra	*la alFOMbra*	carpet
las algas	*lass ALgass*	seaweed
el algodón	*el algoDON*	cotton wool
el algodón de azúcar	*el algoDON day aTHOOkar*	candy floss
los alimentos	*loss aleeMENtoss*	food
el almiar	*el almee-AR*	haystack
la almohada	*la almo-Ada*	pillow
alto	*ALto*	high, tall
las alubias	*lass aLOObee-ass*	beans
amarillo	*amaREELyo*	yellow
la ambulancia	*la amboo-LANthee-a*	ambulance
anaranjado	*anaranHAdo*	orange (colour)
andar	*anDAR*	to walk
andar a gatas	*anDAR a GAtass*	to crawl
el andén	*el anDEN*	platform
el anillo	*el aNEELyo*	ring
los animales favoritos	*loss aneeMAless faboREEtoss*	pets
la antena de televisión	*la anTENa day telebeessee-ON*	TV aerial
el anzuelo	*el anTHWElo*	bait

el apio	*el Apee-o*	celery
la apisonadora	*la apeessonaDORa*	roller
el arado	*el aRAdo*	plough
la araña	*la aRANya*	spider
el árbol	*el ARbol*	tree
el árbol de Navidad	*el ARbol day nabeeDAD*	Christmas tree
los árboles	*loss ARboless*	trees
el arbusto	*el arBOOSSto*	bush
el arco	*el ARko*	bow
el arco iris	*el ARko eeREESS*	rainbow
la ardilla	*la arDEELya*	squirrel
el armario	*el arMARee-o*	cupboard, wardrobe
la armónica	*la arMONeeka*	mouth organ
el aro	*el Aro*	hoop
los aros	*loss Aross*	hoop-la
arriba	*aRREEba*	top, upstairs
el arroyo	*el aRROYo*	stream
el arroz	*el aRROTH*	rice
el/la artista	*el/la arTEESSta*	artist (man/woman)
el ascensor	*el assthenSSOR*	lift
el aspirador	*el asspeeraDOR*	vacuum cleaner
el/la astronauta	*el/la asstronA-OOta*	astronaut (man/woman)
los/las astronautas	*loss/lass asstronA-OOtass*	spacemen/women
el autobús	*el a-ootoBOOSS*	bus
los autos de choque	*loss A-OOtoss day CHOkay*	dodgems
el avestruz	*el abessTROOTH*	ostrich
el avión	*el abee-ON*	plane
la avispa	*la aBEESSpa*	wasp
la azada	*la aTHAda*	hoe
la azafata	*la athaFAta*	air hostess
el azúcar	*el aTHOOkar*	sugar
azul	*aTHOOL*	blue
los azulejos	*loss athooLEhoss*	tiles

B

bailar	*buyLAR*	to dance
el bailarín	*el buylaREEN*	dancer (man)

56

la bailarina	la buylaREEna	dancer (woman)
el baile	el BUYlay	dance
bajo	BAho	low
las balas de paja	lass BAlass day PAha	straw bales
la ballena	la balYENa	whale
el balón	el baLON	ball
el baloncesto	el balonTHESSto	basketball
el banco	el BANko	bench
la banda	la BANda	band
la bandeja	la banDEha	tray
la bandera	la banDAIRa	flag
la bañera	la banYAIRa	bath
la barbilla	la barBEELya	chin
la barcaza	la barKATHa	barge
el barco	el BARko	boat, ship
el barco de pesca	el BARko day PESSka	fishing boat
el barco de vela	el BARko day BEla	sailing boat
la barraca de tiro al blanco	la baRRAka day TEEro al BLANko	rifle range
barrer	baRRAIR	to sweep
el barril	el baRREEL	barrel
el bastón	el baSSTON	walking stick
la basura	la baSSOORa	rubbish
la bata	la BAta	dressing gown
el bate	el BAtay	bat
la batería	la bateREE-a	battery
el bebé	el beBAY	baby
beber	beBAIR	to drink
el béisbol	el BAYSSbol	baseball
la bicicleta	la beetheeKLEta	bicycle
el bisonte	el beeSSONtay	bison
blanco	BLANko	white
blando	BLANdo	soft
la boca	la BOka	mouth
el bocadillo	el bokaDEELyo	sandwich
el bolígrafo	el boLEEgrafo	pen
la bolsa	la BOLssa	bag
los bolsillos	loss bolSSEELyoss	pockets
el bolso	el BOLsso	handbag
la bombera	la bomBAIRa	firewoman
el bombero	el bomBAIRo	fireman
la bombilla	la bomBEELya	light bulb
el bosque	el BOSSkay	forest
las botas	lass BOtass	boots
el bote de pintura	el BOtay day peenTOOra	paint pot
el bote de remos	el BOtay day REmoss	rowing boat
las botellas	lass boTELyass	bottles
los botones	loss boTOness	buttons
el brazo	el BRAtho	arm
bueno	BWEno	good
la bufanda	la booFANda	scarf
el búho	el BOO-o	owl
el burro	el BOOrro	donkey

C

el caballete	el kabalYEte	easel
el/la caballista	el/la kabalYEESta	bareback rider (man/woman)
el caballo	el kaBALyo	horse
el caballo de balancín	el kaBALyo day balanTHEEN	rocking horse
la cabeza	la kaBETHa	head
la cabra	la KAbra	goat
las cacerolas	lass kathaiROLass	saucepans
el cachorro	el kaCHOrro	puppy

los cachorros de león	loss kaCHOrros day layON	lion cubs
caerse	ka-AIRsse	to fall
el café	el kaFAY	café, coffee
la caja	la KAha	cash desk, box
la caja de herramientas	la KAha day erramee-ENtass	tool box
el cajón	el kaHON	drawer
la calabaza	la kalaBAtha	pumpkin
los calcetines	loss kaltheTEEness	socks
el calendario	el kalenDARee-o	calendar
el calentador del agua	el kalentaDOR del Agwa	kettle
caliente	kalee-ENtay	hot
la calle	la KALyay	street
los calzoncillos	loss kalthon-THEELyoss	pants
la cama	la KAma	bed
la cámara de fotos	la KAmara day FOtoss	camera
la camarera	la kamaRAIRa	waitress
el camarero	el kamaRAIRo	waiter
el camello	el kaMELyo	camel
el camino	el kaMEEno	path
el camión	el kamee-ON	lorry
el camión de gasolina	el kamee-ON day gassoLEEna	petrol tanker (lorry)
el camión de las averías	el kamee-ON day lass abeREE-ass	breakdown lorry
la camisa	la kaMEESSa	shirt
la camiseta	la kameeSSETa	T-shirt, vest
el camisón	el kameeSSON	nightdress
el campo	el KAMpo	countryside, field
la caña de pescar	la KANya day pessKAR	fishing rod
el canal	el kaNAL	canal
el canario	el kaNARee-o	canary
el cangrejo	el kanGREho	crab
el canguro	el kanGOORo	kangaroo
las canicas	lass kaNEEkass	marbles
la canoa	la kaNO-a	canoe
cantar	kanTAR	to sing
el/la cantante	el/la kanTANtay	singer (man/woman)
el capó	el kaPO	(car) bonnet
la cara	la KAra	face
el caracol	el karaKOL	snail
el caramelo	el karaMElo	sweet
la caravana	la karaVANa	caravan
la carne	la KARnay	meat
la carnicera	la karneeTHAIRa	butcher (woman)
el carnicero	el karneeTHAIRo	butcher (man)
la carpintera	la karpeenTAIRa	carpenter (woman)
el carpintero	el karpeenTAIRo	carpenter (man)
la carrera	la kaRRAIRa	race
la carretera	la karreTAIRa	road
la carretilla	la karreTEELya	wheelbarrow
el carro	el KArro	trolley
las cartas	lass KARtass	letters
el/la cartero	el karTAIRo	postman/woman
la casa	la KAssa	house
la casa de muñecas	la KAssa day moonYEKass	doll's house
la casa del perro	la KAssa del PErro	kennel
la cascada	la kassKAda	waterfall
el casco	el KASSko	helmet
el castillo	el kasTEELyo	castle
el castillo de arena	el kasTEELyo day aRENa	sandcastle
el castor	el kasTOR	beaver
catorce	kaTORthay	fourteen
cavar	kaBAR	to dig
la cebolla	la theBOLya	onion
la ceja	la THEha	eyebrow

la cena	la THEna	supper, dinner (evening meal)
el cepillo	el thePEELyo	brush
el cepillo de carpintero	el thePEELyo day karpeenTAIRo	(wood) plane
el cepillo de dientes	el thePEELyo day dee-ENtess	toothbrush
cerca	THAIRka	near
los cerditos	loss thairDEEtoss	piglets
los cerdos	loss THAIRdoss	pigs
los cereales	loss therayAless	cereals
la cereza	la theREtha	cherry
las cerillas	lass theREELyas	matches
cerrado	theRRAdo	closed
la cesta	la THESSta	basket
el champiñon	el champeenYON	mushroom
la chapa	la CHApa	badge
la chaqueta	la chaKEta	cardigan
el charco	el CHARko	puddle
la chica	la CHEEka	girl
el chico	el CHEEko	boy
la chimenea	la cheemeNAYa	chimney
las chinchetas	lass cheenCHEtass	drawing pins
el chocolate	el chokoLAtay	chocolate
el chocolate caliente	el chokoLAtay kalee-ENtay	hot chocolate
el chorizo	el choREEtho	salami
el ciclismo	el theeKLEEZmo	cycling
el cielo	el thee-ELo	sky
el ciervo	el thee-AIRbo	deer
cinco	THEENko	five
el cine	el THEEnay	cinema
la cinta	la THEENta	ribbon
el cinturón	el theentooRON	belt
el circo	el THEERko	circus
el círculo	el THEERkoolo	circle
la ciruela	la theerWEla	plum
los cisnes	loss THEESSness	swans
claro	KLAro	light (not dark)
los clavos	loss KLAboss	nails
el cobertizo	el kobairTEEtho	shed
el coche	el KOchay	car
el coche de bomberos	el KOchay day bomBAIRoss	fire engine
el coche de carreras	el KOchay day kaRRAIRass	racing car
el cochecito de niño	el kocheTHEEto day NEENyo	pram
el coche de policía	el KOchay day poleeTHEE-a	police car
la cocina	la koTHEEna	kitchen, cooker
cocinar	kotheeNAR	to cook
la cocinera	la kotheeNAIRa	cook (woman)
el cocinero	el kotheeNAIRo	cook (man)
el cocodrilo	el kokoDREElo	crocodile
el codo	el KOdo	elbow
coger	koHAIR	catch
el cohete	el ko-Etay	rocket
el cojín	el koHEEN	cushion
la col	la kol	cabbage
la colchoneta	la kolchoNETa	mat
el colgador de ropa	el kolgaDOR day ROpa	clothes peg
la coliflor	la koleeFLOR	cauliflower
la colina	la koLEEna	hill
el collar	el kolYAR	necklace
la colmena	la kolMENa	beehive
color rosa	koLOR ROssa	pink
los colores	loss koLORess	colours
los columpios	loss koLOOMpee-oss	swings
comer	koMAIR	to eat
la cometa	la koMETa	kite
la comida	la koMEEda	lunch, dinner (lunchtime meal)
la cómoda	la KOmoda	chest of drawers
comprar	komPRAR	to buy

la compuerta	la komPWAIRta	lock (on a canal)
la concha de mar	la KONcha day MAR	seashell
el conductor de camión	el kondookTOR day kamee-ON	lorry driver (man)
la conductora de camión	la kondookTORa day kamee-ON	lorry driver (woman)
el conductor de autobús	el kondookTOR day a-ootoBOOSS	bus driver (man)
la conductora de autobús	la kondookTORa day a-ootoBOOSS	bus driver (woman)
el conejillo de Indias	el koneHEELyo day EENdeeyass	guinea pig
el conejo	el koNEho	rabbit
el cono	el KOno	cone
la corbata	la korBAta	tie
los corderos	loss korDAIRos	lambs
el cordón del zapato	el korDON del thaPAto	shoelace
la correa de perro	la koRRAYa day PErro	dog lead
correr	koRRAIR	to run
el cortacésped	el KORtaTHESSped	lawn mower
cortar	korTAR	to cut
la cortina	la korTEEna	curtain
corto	KORto	short
coser	koSSAIR	to sew
la cremallera	la kremalYAIRa	zip
los crêpes	loss KREpess	pancakes
el cricket	el KREEket	cricket (sport)
el cuaderno	el kwaDAIRno	notebook
la cuadra	la KWAdra	stable
el cuadrado	el kwaDRAdo	square
cuatro	KWAtro	four
el cuarto de baño	el KWARto day BANyo	bathroom
el cuarto de estar	el KWARto de essTAR	living room
el cubo	el KOObo	bucket, cube
el cubo de basura	el KOObo day baSSOOra	rubbish bin
los cubos	loss KOOboss	(toy) bricks
las cucharas de palo	lass kooCHArass day PAlo	wooden spoons
las cucharillas	lass koochaREEL-yass	teaspoons
los cuchillos	loss kooCHEELyoss	knives
el cuello	el KWELyo	neck
las cuentas	lass KWENtass	beads, sums
la cuerda	la KWAIRda	rope
la cuerda de saltar	la KWAIRda day salTAR	skipping rope
la cuerda de volatinero	la KWAIRda day bolateeNAIRo	tightrope
los cuernos	loss KWAIRnoss	horns
el cumpleaños	el koomplayANyoss	birthday

D

los dados	loss DAdoss	dice
la dama de honor	la DAma day oNOR	bridesmaid
debajo	deBAho	under
los dedos	loss DEdoss	fingers
los dedos del pie	loss DEdoss del pee-AY	toes
el delantal	el delanTAL	apron
el delfín	el delFEEN	dolphin
delgado	delGAdo	thin
el/la dentista	el/la denTEESSta	dentist (man/woman)
dentro	DENtro	in
los deportes	loss dePORtess	sports
a la derecha	a la deREcha	(on/to the) right
el desayuno	el dessa-YOOno	breakfast

58

el destornillador	el desstorneelya-DOR	screwdriver
el detergente	el detairHENtay	washing powder
el día de la boda	el DEEa day la BOda	wedding day
el día de Navidad	el DEEa de nabeeDAD	Christmas Day
la diana	la dee-Ana	target
los días	loss DEEass	days
días especiales	DEEass esspethee-Aless	special days
el dibujo	el deeBOOho	drawing
diecinueve	dee-etheeNWEbay	nineteen
dieciocho	dee-ethee-Ocho	eighteen
dieciséis	dee-etheeSAYSS	sixteen
diecisiete	dee-etheesee-Etay	seventeen
los dientes	loss dee-ENtes	teeth
diez	dee-ETH	ten
difícil	deeFEEtheel	difficult
el dinero	el deeNAIRo	money
el director de circo	el deerekTOR day THEERko	ring master
el disco compacto	el DEESko komPAKto	CD (compact disc)
el disfraz	el deesFRATH	costume
doce	DOthay	twelve
domingo	doMEENgo	Sunday
dormir	dorMEER	to sleep
el dormitorio	el dormeeTORee-o	bedroom
dos	doss	two
la ducha	la DOOcha	shower
duro	DOOro	hard

E

el edredón	el edreDON	duvet
el elefante	el eleFANtay	elephant
empujar	empooHARto	push
encima	enTHEEma	over
la enfermera	la enfairMAIRa	nurse (woman)
el enfermero	el enfairMAIRo	nurse (man)
la ensalada	la enssaLAda	salad
el/la equilibrista	el/la ekeelee-BREESSta	trick cyclist (man/woman)
la equitación	la ekeetathee-ON	riding
el erizo	el eREEtho	hedgehog
la escalada	la esskaLAda	climbing
la escalera	la esskaLAIRa	ladder
la escalera de cuerda	la esskaLAIRa day KWAIRda	rope ladder
las escaleras	lass esskaLAIRass	stairs
los escalones	loss esskaLONess	steps
la escavadora	la esskabaDORa	digger
la escoba	la essKOba	broom
esconderse	esskonDAIRssay	to hide
la escopeta	la esskoPETa	gun
escribir	esskreeBEER	to write
escuchar	esskooCHAR	to listen
las escudillas	lass esskoo-DEELyass	bowls
la escuela	la essKWELa	school
el espacio	el essPAthee-o	space
los espaguetis	loss esspaGETeess	spaghetti
la espalda	la essPALda	back (of body)
el espantapájaros	el esspantaPA-haross	scarecrow
el esparadrapo	el essparaDRApo	sticking plaster
el espejo	el essPEho	mirror
esperar	esspeRAR	to wait
las espinacas	lass esspeeNAkass	spinach
la esponja	la essPONha	sponge
la esposa	la essPOssa	wife
el esposo	el essPOsso	husband
el esquí	el essKEE	ski

el esquí acuático	el essKEE aKWAteeko	water-skiing
el establo	el essTAblo	cowshed
la estación de ferrocarril	la estasthee-ON day ferrokaRREEL	railway station
las estaciones	lass esstathee-ONess	seasons
el estanque	el essTANkay	pond
estar sentados	essTAR senTAdoss	to sit
el estómago	el essTOMago	tummy
la estrella	la essTRELya	star
la estrella de mar	la essTRELya day MAR	starfish

F

la fábrica	la FAbreeka	factory
fácil	FAtheel	easy
la falda	la FALda	skirt
la familia	la faMEELy a	family
el faro	el FAro	lighthouse
la farola	la faROLa	lamp post
la feria	la FEree-a	fair, fairground
la fiesta	la fee-ESSta	party
la flauta	la FLA-OOta	recorder
las flechas	lass FLEchass	arrows
las flores	lass FLOress	flowers
la foca	la FOka	seal
las formas	lass FORmass	shapes
la fotógrafa	la foTOgrafa	photographer (woman)
el fotógrafo	el foTOgrafo	photographer (man)
las fotos	lass FOtoss	photographs
la frambuesa	la framBWEssa	raspberry
el fregadero	el fregaDAIRo	sink
la fregona	la freGONa	mop
la fresa	la FREssa	strawberry
el frigorífico	el freegoREEfeeko	fridge
frío	FREE-o	cold
las frutas	lass FROOtass	fruit
las frutas y verduras	lass FROOtass ee bairDOOrass	fruit and vegetables
los fuegos artificiales	loss FWEgoss arteefeethee-Aless	fireworks
fuera	FWAIRa	out
la furgoneta	la foorgoNETa	van
el fútbol americano	el FOOTbol amereeKAno	American football
el fútbol	el FOOTbol	football

G

la galleta	la galYETa	biscuit
las gallinas	lass galYEENass	hens
el gallinero	el galyeeNAIRo	henhouse
el gallo	el GALyo	cock
el garaje	el gaRAhay	garage
la gasolina	la gasoLEEna	petrol
el gatito	el gaTEEto	kitten
el gato	el GAto	cat
la gaviota	la gabee-Ota	seagull
la gente	la HENtay	people
la gimnasia	la heemNASSee-a	gym (gymnastics)
el globo	el GLObo	balloon
el globo terráqueo	el GLObo teRRAkay-o	globe
la goma	la GOma	rubber
gordo	GORdo	fat
el gorila	el goREEla	gorilla
la gorra	la GORRa	cap
grande	GRANday	big
el granero	el graNAIRo	barn
la granja	la GRANha	farm
la granjera	la granHAIRa	farmer (woman)
el granjero	el granHAIRo	farmer (man)

el grifo	*el GREEfo*	tap
gris	*GREESS*	grey
la grúa	*la GROO-a*	crane
los guantes	*loss GWANtess*	gloves
la guirnalda de papel	*la geerNALda day paPEL*	paper chain
los guisantes	*loss geeSSANtess*	peas
la guitarra	*la geeTARRa*	guitar
el gusano	*el gooSSAno*	worm

H

hablar	*aBLAR*	to talk
hacer	*aTHAIR*	to make, to do
hacer punto	*aTHAIR POONto*	to knit
el hacha	*el Acha*	axe
haciendo cosas	*athee-ENdo KOssass*	doing things
la hamburguesa	*la amboorGESSa*	hamburger
el hámster	*el HAMstair*	hamster
la harina	*la aREEna*	flour
la hebilla	*la eBEELya*	buckle
la helada	*la eLAda*	frost
el helado	*el eLAdo*	ice cream
el helicóptero	*el eleeKOPtairo*	helicopter
el heno	*el Eno*	hay
la hermana	*la airMANa*	sister
el hermano	*el airMANo*	brother
la hierba	*la ee-AIRba*	grass
la hija	*la EEha*	daughter
el hijo	*el EEho*	son
el hipopótamo	*el eepoPOTamo*	hippopotamus
la hoguera	*la oGAIRa*	bonfire
las hojas	*lass Ohass*	leaves
el hombre	*el OMbray*	man
los hombros	*loss OMbross*	shoulders
la horca	*la ORka*	fork
el hospital	*el osspeeTAL*	hospital
el hotel	*el Otel*	hotel
el hoyo de arena	*el Oyo day aRENa*	sandpit
la hucha	*la OOcha*	money box
el huerto	*el WAIRto*	orchard
el hueso	*el WEsso*	bone
el huevo frito	*el WEbo FREEto*	fried egg
el huevo pasado por agua	*el WEbo paSSAdo por Agwa*	boiled egg
los huevos	*loss WEboss*	eggs
el humo	*el OOmo*	smoke

I

el interruptor	*el eentairoopTOR*	switch
el invernadero	*el eenbairnaDAIRo*	greenhouse
el invierno	*el eenbee-AIRno*	winter
el irrigador	*el eerreegaDOR*	sprinkler
la isla	*la EEssla*	island
a la izquierda	*a la eethkee-AIRda*	(on/to the) left

J

el jabón	*el haBON*	soap
el jamón	*el haMON*	ham
el jardín	*el harDEEN*	garden
la jaula	*la HOWla*	cage
la jeringilla	*la hereenGEELya*	syringe
el jersey	*el hairSSAY*	jumper
la jirafa	*la heeRAfa*	giraffe
el judo	*el JOOdo*	judo

jueves	*HWEbess*	Thursday
el/la juez	*el/la HWETH*	judge (man/woman)
jugar	*hooGAR*	to play
los juguetes	*loss hooGETess*	toys
la juguetería	*la hoogetairEE-a*	toy shop

K

el kárate	*el KAratay*	karate

L

los labios	*loss LAbee-oss*	lips
los ladrillos	*loss laDREELyoss*	bricks
la lagartija	*la lagarTEEha*	lizard
la lámpara	*la LAMpara*	lamp
la lancha motora	*la LANcha moTORa*	speedboat
lanzar	*lanTHAR*	to throw
los lápices de colores	*loss LApeethess day koLORess*	crayons
el lápiz	*el LApeeth*	pencil
el lago	*el LAgo*	lake
largo	*LARgo*	long
las latas	*lass LAtass*	tins
el lavabo	*el LAbabo*	washbasin
el lavado de coches	*el LAbado day KOchess*	car wash
la lavadora	*la labaDORa*	washing machine
lavarse	*laBARssay*	to wash (have a wash)
la leche	*la LEchay*	milk
la lechuga	*la leCHOOga*	lettuce
leer	*layAIR*	to read
lejos	*LEhoss*	far
la lengua	*la LENgwa*	tongue
lento	*LENto*	slow
el león	*el layON*	lion
el leopardo	*el layoPARdo*	leopard
los libros	*loss LEEbross*	books
la lima	*la LEEma*	file
el limón	*el leeMON*	lemon
limpio	*LEEMpee-o*	clean
la llave inglesa	*la LYAbay eenGLESSa*	spanner
la llave	*la LYAbay*	key
lleno	*LYENo*	full
llevar	*lyeBAR*	to carry
llorar	*lyoRAR*	to cry
la lluvia	*la LYOObee-a*	rain
el lobo	*el LObo*	wolf
el lodo	*el LOdo*	mud
el loro	*el LOro*	parrot
las luces delanteras	*lass LOOthess delanTAIRass*	headlights
la lucha libre	*la LOOcha leeBRAY*	wrestling
la luna	*la LOOna*	moon
lunes	*LOOness*	Monday

M

el macizo de flores	*el matheeTHO day FLORess*	flower bed
la madera	*la maDAIRa*	wood
la madre	*la MAdray*	mother
el/la malabarista	*el/la malaba-REESSta*	juggler (man/woman)
la maleta	*la maLETa*	suitcase

malo	*MAlo*	bad
la mañana	*la maNYAna*	morning
la mandarina	*la mandaREEna*	clementine
la manguera	*la manGAIRa*	hose
la mano	*la MAno*	hand
el mantel	*el manTEL*	tablecloth
la mantequilla	*la manteKEELya*	butter
la manzana	*la manTHAna*	apple
el mapa	*el MApa*	map
la máquina	*la MAkeena*	engine
la máquina de billetes	*la MAkeena day beelYETess*	ticket machine
el/la maquinista	*el/la makee-NEESSta*	train driver (man/woman)
el mar	*el MAR*	sea
el marinero	*el mareeNAIRo*	sailor
la mariposa	*la mareePOSSa*	butterfly
la mariposa nocturna	*la mareePOSSa nokTOORna*	moth
la mariquita	*la mareeKEEta*	ladybird
marrón	*maRRON*	brown
martes	*MARtess*	Tuesday
el martillo	*el marTEELyo*	hammer
las máscaras	*lass MASSkarass*	masks
la mecánica	*la meKAneeka*	mechanic (woman)
el mecánico	*el meKAneeko*	mechanic (man)
la media luna	*la MEdee-a LOOna*	crescent
las medias	*lass MEdee-ass*	tights
la médica	*la MEdeeka*	doctor (woman)
la medicina	*la medeeTHEEna*	medicine
el médico	*el MEdeeko*	doctor (man)
la mejilla	*la meHEELya*	cheek
el melocotón	*el melokoTON*	peach
el melón	*el meLON*	melon
el mercado	*el mairKAdo*	market
la mermelada	*la mairmeLAda*	jam
la mesa	*la MEssa*	table
la mesa de trabajo	*la MEssa day traBAho*	workbench
el metro	*el MEtro*	tape measure
la miel	*la mee-EL*	honey
miércoles	*mee-AIRkoless*	Wednesday
mirar	*meeRAR*	to watch
la mochila	*la moCHEELa*	backpack
mojado	*moHAdo*	wet
el molino de viento	*el moLEEno day beeENto*	windmill
el monedero	*el moneDAIRo*	purse
el mono	*el MOno*	monkey
el monopatín	*el monopaTEEN*	skateboard
la montaña	*la monTANya*	mountain
la montaña rusa	*la monTANya ROOssa*	big dipper
la moqueta	*la moKEta*	carpet
la mosca	*la MOSSka*	fly
la moto	*la MOto*	motorcycle
el motor	*el moTOR*	engine
muchos	*MOOchoss*	many
muerto	*MWAIRto*	dead
la mujer	*la mooHAIR*	woman
la mujer policía	*la mooHAIR poleeTHEEya*	policewoman
las muletas	*lass mooLETass*	crutches
las muñecas	*lass mooNYEKass*	dolls
el murciélago	*el moorthee-Elago*	bat

N

la naranja	*la naRANha*	orange (fruit)
la nariz	*el naREETH*	nose
la nata	*la NAta*	cream
la natación	*la natathee-ON*	swimming
la navaja	*la naBAha*	penknife

la nave espacial	*la NAbay espathee-AL*	spaceship
la neblina	*la neBLEEna*	mist
negro	*NEgro*	black
el neumático	*el nay-ooMAteeko*	tyre
el nido	*el NEEdo*	nest
la niebla	*la nee-Ebla*	fog
la nieve	*la nee-Ebay*	snow
los niños	*loss NEEnyoss*	children
la noche	*la NOchay*	night
la noria	*la NOree-a*	big wheel
la novia	*la NObee-a*	bride
el novio	*el NObee-o*	bridegroom
las nubes	*lass NOObess*	clouds
nueve	*NWEbay*	nine
nuevo	*NWEbo*	new
los números	*loss NOOmaiross*	numbers

O

las ocas	*lass Okass*	geese
ocho	*Ocho*	eight
los ojales	*loss oHAless*	button holes
el ojo	*el Oho*	eye
las olas	*lass Olass*	waves
once	*ONthay*	eleven
el ordenador	*el ordenaDOR*	computer
las orejas	*lass oREhass*	ears
la oruga	*la oROOga*	caterpillar
oscuro	*ossKOOro*	dark
el osito de trapo	*el oSSEEto day TRApo*	teddy bear
el oso	*el Osso*	bear
el oso polar	*el Oso poLAR*	polar bear
el otoño	*el oTONyo*	autumn
el óvalo	*el Obalo*	oval
las ovejas	*lass oBEhass*	sheep

P

el padre	*el PAdray*	father
la paja	*la PAha*	(drinking) straw
el pajar	*el paHAR*	loft
los pájaros	*loss PAhaross*	birds
la pajarita	*la pahaREEta*	bow tie
la pala	*la PAla*	spade
palabras opuestas	*paLAbrass oPWESStass*	opposite words
la paleta	*la paLETa*	trowel
los palillos	*loss paLEELyoss*	chopsticks
el palo de esquí	*el PAlo day essKEE*	ski pole
la paloma	*la paLOma*	pigeon
las palomitas de maíz	*lass paloMEEtass day maEETH*	popcorn
los palos	*loss PAloss*	sticks
el pan	*el PAN*	bread
la panadera	*la panaDAIRa*	baker (woman)
el panadero	*el panaDAIRo*	baker (man)
el pañal	*el paNYAL*	nappy
la panda	*la PANda*	panda
los panecillos	*loss paneTHEELyoss*	(bread) rolls
los pantalones	*loss pantaLOness*	trousers
los pantalones cortos	*loss pantaLOness KORtoss*	shorts
el pañuelo	*el panyuWELo*	handkerchief
los pañuelos de papel	*loss panyuWELoss day paPEL*	tissues
Papá Noel	*paPA noEL*	Father Christmas
el papel	*el paPEL*	paper
el papel de lija	*el paPEL day LEEha*	sandpaper
la papelera	*la papeLAIRa*	wastepaper bin

Spanish	Pronunciation	English
el papel higiénico	el paPEL eehee-Eneeko	toilet paper
el paracaídas	el paraka-EEdass	parachute
el paraguas	el paRAgwass	umbrella
la pared	la paRED	wall
el parque	el PARkay	park
la parte delantera	la PARtay delanTAIRa	front
la parte trasera	la PARtay traSSAIRa	back (not front)
partir	parTEER	to chop
el paso de peatones	el PAsso day payaTOness	pedestrian crossing
la pasta de dientes	la PASSta day dee-ENtess	toothpaste
el pastor	el pasTOR	shepherd
la pastora	la passTORa	shepherdess
las patas	lass PAtass	paws
las patatas	lass paTAtass	potatoes
las patatas fritas	lass paTAtass FREEtass	crisps, chips
el patinaje sobre hielo	el pateeNAhay sobray ee-ELo	ice-skating
los patines	loss paTEEness	roller blades
los patines de hielo	loss paTEEness day ee-ELo	ice skates
el patio	el PAtee-o	playground
los patitos	loss paTEEtoss	ducklings
los patos	loss PAtoss	ducks
los pavos	loss PAboss	turkeys
el payaso	el paYAsso	clown
la pecera	la peTHAIRa	aquarium
los peces de colores	loss PEthess day koLORess	goldfish
el pecho	el PEcho	chest
el pegamento	el pegaMENto	glue
el peine	el PAYnay	comb
pelear	pelayAR	to fight
el pelícano	el peleeKAno	pelican
el pelo	el PElo	hair
la pelota	la peLOta	ball
la peluquera	la pelooKAIRa	hairdresser (woman)
el peluquero	el pelooKAIRo	hairdresser (man)
pensar	penSAR	to think
el pepino	el pePEEno	cucumber
pequeño	peKENyo	small
la pera	la PEra	pear
el periódico	el peree-Odeeko	newspaper
el periquito	el pereeKEEto	budgerigar
el perro	el PErro	dog
el perro pastor	el PErro pasTOR	sheepdog
la persiana	la pairsee-Ana	(window) blind
la pesca	la PESSka	fishing
el pescador	el pesskaDOR	fisherman
el peso	el PEsso	scales
el petrolero	el petrolAIRo	oil tanker (ship)
el pez	el PETH	fish
el piano	el pee-Ano	piano
el picnic	el PEEKneek	picnic
el pico	el PEEko	beak
el pie	el pee-AY	foot
las piedras	lass pee-Edrass	stones
las piedrecitas	lass pee-edreTHEE-tass	pebbles
la pierna	la pee-AIRna	leg
el pijama	el peeHAma	pyjamas
las píldoras	lass PEELdorass	pills
el piloto	el peeLOto	pilot
la pimienta	la peemee-ENta	pepper
la piña	la PEEnya	pineapple
el pincel	el peenTHEL	brush
el ping-pong	el peeng-PONG	table tennis
el pingüino	el peenGWEEno	penguin
pintar	peenTAR	to paint
el pintor	el peenTOR	painter (man)
la pintora	la peenTORa	painter (woman)
las pinturas	lass peenTORass	paints

Spanish	Pronunciation	English
las pinturas para la cara	lass peenTORass para la KAra	face paints
el piragüismo	el peeraGWEEssmo	rowing, canoeing
la piscina	la peessTHEEna	swimming pool
los pisos	loss PEEssoss	flats
la pista de aterrizaje	la PEESSta day aterreeTHAhay	runway
la pizarra	la peeTHArra	blackboard
la pizza	la PEETza	pizza
la plancha	la PLANcha	iron
el planeta	el plaNETa	planet
la planta	la PLANta	plant
la plastilina	la plasteeLEEna	playdough
el plátano	el PLAtano	banana
los platillos	loss plaTEELyoss	saucers
los platos	loss PLAtoss	plates
la playa	la PLA-ya	beach, seaside
las plumas	lass PLOOmass	feathers
el plumífero	el plooMEEfairo	jacket, anorak
la pocilga	la poTHEELga	pigsty
pocos	POkoss	few
el policía	el poleeTHEE-a	policeman
los pollitos	loss poLYEEtoss	chicks
el pollo	el POlyo	chicken
el pomelo	el poMELo	grapefruit
el pomo de la puerta	el POmo day la PWAIRta	door handle
el poney	el POnee	pony
el portaequipajes	el porta-ekee-PAhess	boot (of car)
el poste indicador	el POSStay eendeekaDOR	signpost
los posters	loss POSStairs	pictures
los postres	loss POsstress	pudding, dessert
la primavera	la preemaVAIRa	spring
primero	preeMAIRo	first
la prima	la PREEma	cousin (girl)
el primo	el PREEmo	cousin (boy)
el profesor	el profeSSOR	teacher (man)
la profesora	la profeSSORa	teacher (woman)
el pueblo	el PWEblo	village
el puente	el PWENtay	bridge
el puerro	el PWErro	leek
la puerta	la PWAIRta	door
la puerta de la verja	la PWAIRta day la BAIRha	gate (iron gate)
el pulgar	el poolGAR	thumb
el pupitre	el pooPEEtray	desk
el puré de patatas	el pooRAY day paTAtass	mashed potatoes

Q

Spanish	Pronunciation	English
el queso	el KEsso	cheese
quince	KEENthay	fifteen

R

Spanish	Pronunciation	English
el rabo	el RAbo	tail
el radiador	el radee-aDOR	radiator
la radio	la RAdee-o	radio
los raíles	loss ra-EEless	railway track
la rana	la RAna	frog
rápido	RApeedo	fast
la raqueta	la raKEta	racket
el rastrillo	el rasTREELyo	rake
el ratón	el raTON	mouse
el recogedor	el rekoheDOR	dustpan
el rectángulo	el recTANgoolo	rectangle
la red	la RED	net
la red de seguridad	la RED day segooreeDAD	safety net
la regadera	la regaDORa	watering can
el regalo	el reGAlo	present (gift)

Spanish	Pronunciation	English
los regalos	loss reGAloss	presents (gifts)
la regla	la REgla	ruler
reirse	ray-EERssay	to laugh
el relámpago	el reLAMpago	lightning
el reloj	el reLOH	clock, watch
el remo	el REmo	oar, rowing
el remolque	el reMOLkay	trailer
los renacuajos	loss renaKWAhoss	tadpoles
el reno	el REno	reindeer
el revisor	el rebeeSSOR	ticket collector (man)
la revisora	la rebeeSSORa	ticket collector (woman)
el rinoceronte	el reenothaiRONtay	rhinoceros
el río	el REE-o	river
el robot	el roBOT	robot
las rocas	lass ROkass	rocks
el rocío	el roTHEE-o	dew
la rodilla	la roDEELya	knee
rojo	ROho	red
el rombo	el ROMbo	diamond
el rompecabezas	el rompayka-BEthass	jigsaw
romper	romPAIR	to break
la ropa	la ROpa	clothes
los rotuladores	loss rotoolaDORess	felt-tips
la rueda	la RWEda	wheel
el rugby	el ROOGbee	rugby

S

Spanish	Pronunciation	English
sábado	SAbado	Saturday
la sábana	la SAbana	sheet
la sal	la SAL	salt
la sala de espera	la SAla day esPAIRa	waiting room
la salchicha	la salCHEEcha	sausage
la salsa	la SALssa	sauce
saltar	salTAR	to jump, to skip
el salto de trampolín	el SALto day trampoLEEN	diving
las sandalias	lass sanDAlee-ass	sandals
el sapo	el SApo	toad
la sartén	la sarTEN	frying pan
seco	SEko	dry
seis	SAYSS	six
el semáforo	el seMAforo	traffic lights
las semillas	lass seMEELyas	seeds
las señales	lass seNYAless	signals
el sendero	el senDAIRo	path
la serpiente	la sairpee-ENtay	snake
el serrín	el seRREEN	sawdust
el seto	el SEto	hedge
la sierra	la see-Erra	saw
siete	see-Etay	seven
el silbato	el seelBAto	whistle
la silla	la SEELya	chair
la silla de montar	la SEELya day monTAR	saddle
la silla de ruedas	la SEELya day RWEdass	wheelchair
la silleta	la seelYEta	push chair
el snowboarding	el eSNOW-bordeeng	snowboarding
el sobrecargo	el sobrayKARgo	air steward
el sofá	el soFA	sofa
el sol	el SOL	sun
los soldaditos de plomo	loss soldaDEEtoss day PLOmo	toy soldiers
el sombrero	el somBRAIRo	hat
el sombrero de copa	el somBRAIRo day KOpa	top-hat
el sombrero de paja	el somBRAIRo day paHA	straw hat
la sombrilla	la somBREELya	beach umbrella
sonreir	sonray-EER	to smile
la sopa	la SOpa	soup
soplar	soPLAR	to blow
el subibaja	el soobeeBAha	seesaw
el/la submarinista	el/la soobmaree-NEESSta	frogman/woman
el submarino	el soobmaREEno	submarine
sucio	SOOthee-o	dirty
el suelo	el SWElo	floor
el suéter	el SWEtair	jumper
el surtidor de gasolina	el soorteeDOR day gasoLEEna	petrol pump

T

Spanish	Pronunciation	English
la tabla de planchar	la TAbla day planCHAR	ironing board
el tablón	el taBLON	plank
el taburete	el tabooRETay	stool
las tachuelas	lass taCHWElass	tacks
la taladradora	la taladraDORa	road drill
el taladro	el taLADro	drill
el taller	el talYAIR	workshop
los tambores	loss tamBORess	drums
la taquilla	la taKEELya	locker
la tarde	la TARday	evening
la tarjeta de cumpleaños	la tarHETa day koomplayANyoss	birthday card
las tarjetas	lass tarHETass	cards
los tarros	loss TArross	jars
la tarta	la TARta	cake
la tarta de cumpleaños	la TARta day koomplayANyoss	birthday cake
el taxi	el TAKssee	taxi
la taza del váter	la TAtha del BAtair	toilet
las tazas	lass TAthass	cups
el té	el TAY	tea
el tebeo	el teBAYo	comic
el techo	el TEcho	ceiling
el tejado	el teHAdo	roof
el tejón	el teHON	badger
la telaraña	la telaRANya	cobweb
el teléfono	el teLEFono	telephone
el telescopio	el teleSKOpee-o	telescope
la telesilla	la teleSEELya	chairlift
la televisión	la telebeessee-ON	television
los tenedores	loss teneDORess	forks
el tenis	el TEneess	tennis
el termómetro	el tairMOmetro	thermometer
el ternero	el tairNAIRo	calf
la tía	la TEE-a	aunt
el tiburón	el teebooRON	shark
el tiempo	el tee-EMpo	weather
la tienda	la tee-ENda	shop
las tiendas de campaña	lass tee-ENdass day kamPANya	tents
el tigre	el TEEgray	tiger
las tijeras	lass teeHAIRass	scissors
el tío	el TEE-o	uncle
el tiovivo	el tee-oBEEbo	roundabout
tirar	teeRAR	to pull
el tiro con arco	el TEEro kon ARko	archery
los títeres	loss TEEteress	puppets
la tiza	la TEEtha	chalk
la toalla	la to-ALya	towel
el tobogán	el toboGAN	helter-skelter, slide
tomar	toMAR	to take
el tomate	el toMAtay	tomato
los topes	loss TOpess	buffers
el topo	el TOpo	mole
los tornillos	loss torNEELyoss	screws
los tornillos a tuerca	loss torNEELyoss a TWAIRka	bolts (nuts and bolts)
el torno de banco	el TORno day BANko	vice (tool)
el toro	el TOro	bull

63

la torre de control	la TOrray day konTROL	control tower
la tortilla	la torTEELya	omelette
la tortuga	la torTOOga	tortoise
las tostadas	lass tossTAdass	toast
el tractor	el trakTOR	tractor
el traje de baño	el TRAhay day BANyo	swimsuit
el trapecio	el traPEthee-o	trapeze
el trapo de cocina	el TRApo day koTHEEna	tea towel
el trapo del polvo	el TRApo del POLbo	duster
el trasero	el traSAIRo	bottom (body)
trece	TREthay	thirteen
el tren	el TREN	train
el tren de mercancías	el TREN day mairkanTHEE-ass	goods train
el tren fantasma	el TREN fanTASSma	ghost train
trepar	trePAR	to climb
tres	TRESS	three
el triángulo	tree-ANgoolo	triangle
el triciclo	el treeTHEEklo	tricycle
el trineo	el treeNAYo	sleigh
la trompa	la TROMpa	trunk
la trompeta	la tromPEta	trumpet
los troncos	loss TRONkoss	logs
las tuberías	lass toobaiREE-ass	pipes
las tuercas	lass TWAIRkass	nuts (nuts and bolts)
la tumbona	la toomBOna	deck chair
el túnel	el TOOnel	tunnel

U

último	OOLteemo	last
uno	OOno	one
las uvas	lass OObass	grapes

V

la vaca	la BAka	cow
las vacaciones	lass bakathee-ONess	holiday
vacío	baTHEE-o	empty
los vagones	loss baGONess	carriages
la valla	la BAlya	fence, gate (on a fence)
los vaqueros	loss baKAIRoss	jeans, cowboys
la vara	la BAra	pole
los vasos	loss BAssoss	glasses (drinking)
veinte	BAYntay	twenty
la vela	la BEla	candle
el velero	el beLAIRo	sailing boat
la venda	la BENda	bandage
la ventana	la benTAna	window
las verduras	lass bairDOORass	vegetables
el verano	el beRAno	summer
verde	BAIRday	green
la verja	la BAIRha	railings
el vestíbulo	el beSTEEboolo	hall
el vestido	el bessTEEdo	dress
el vestuario	el besstoo-ARee-o	changing room
la veterinaria	la betereeNARee-a	vet (woman)
el veterinario	el betereeNARee-o	vet (man)
el viaje	el bee-Ahay	travel
el video	el BEEday-o	video
viejo	bee-Eho	old
el viento	el beeENto	wind
viernes	beeAIRness	Friday
violeta	bee-oLETa	purple

las virutas	lass beeROOtass	(wood) shavings
vivo	BEEbo	alive
la volatinera	la bolateeNAIRa	tightrope walker (woman)
el volatinero	el bolateeNAIRo	tightrope walker (man)

W

el windsurfing	el weensoorfeeng	windsurfing

Y

el yeso	el YEsso	plaster
yo	yo	I, me
el yogur	el yoGOOR	yoghurt

Z

la zanahoria	la thana-ORee-a	carrot
las zapatillas	lass thapaTEELyass	slippers
las zapatillas de deporte	lass thapaTEELyass day dePORtay	trainers
los zapatos	loss thaPAtoss	shoes
la zebra	la THEbra	zebra
el zoo	el THO	zoo
los zorritos	loss thoREEtoss	fox cubs
el zorro	el THOrro	fox
el zumo	el THOOmo	juice

This revised edition first published in 1995 by Usborne Publishing Ltd, Usborne House, 83-85 Saffron Hill, London EC1N 8RT, England. www.usborne.com
Based on a previous title first published in 1979.
Copyright © 2002, 1995, 1979 Usborne Publishing Ltd.